동시와
동화로 배우는

고사성어

동시와 동화로 배우는
고사성어

1판 1쇄 · 2018년 1월 15일
1판 2쇄 · 2018년 7월 12일
1판 3쇄 · 2022년 12월 20일

지은이 · 김이삭 | 그린이 · 최영란
펴낸이 · 한봉숙
펴낸곳 · 푸른사상사

주간 · 맹문재 | 편집 · 지순이 | 교정 · 김수란
등록 · 1999년 7월 8일 제2-2876호
주소 · 경기도 파주시 회동길 337-16 푸른사상사
대표전화 · 031) 955-9111(2) | 팩시밀리 · 031) 955-9114
이메일 · prun21c@hanmail.net / prunsasang@naver.com
홈페이지 · http://www.prun21c.com

ⓒ 김이삭 · 최영란, 2018

ISBN 979-11-308-1250-2 73710
값 14,000원

저자와의 합의에 의해 인지는 생략합니다.
이 도서의 전부 또는 일부 내용을 재사용하려면 사전에 저작권자와 푸른사상사의 서면에 의한 동의를 받아야 합니다.
이 도서의 표지 및 본문 디자인에 대한 권리는 푸른사상사에 있습니다.

교과서 연계
필수
고사성어

동시와 동화로 배우는
고사성어

지은이 김이삭 | 그린이 최영란

책머리에

도전하면 더 재미있는 고사성어

여러분, 고사성어가 어렵다고 생각하지요? 설상가상, 우공이산, 난공불락! 어디에서 많이 들어 본 말인데 아리송하여 정확히 무슨 뜻인지 모르겠지요?

걱정할 필요 없어요. 저랑 함께 고사성어에 관한 동시도 읽고 동화를 읽다 보면 저절로 뜻을 알게 될 거예요.

이 책에서는 친구들이 꼭 알아야 할 고사성어들을 쉽게 배울 수 있도록 다섯 가지 주제로 나누어 놓았어요.

1부에서는 노력과 성실의 의미를 가르쳐 주는 고사성어들,

2부에서는 사람들의 어리석음을 꼬집는 고사성어들,

3부에서는 사고력과 문제해결력을 키워 주는 고사성어들,

4부에서는 힘들고 어려울 때 도움이 되는 고사성어들,

5부에서는 세상을 보는 눈을 띄워 주는 고사성어들을 묶어 놓았어요.

'이런 뜻이에요'에서는 고사성어의 본래 뜻과 오늘날 우리 일상생활에 활용되는 의미를 쉽게 설명했어요.

'비슷한 말을 알아볼까요'에서는 비슷한 뜻을 가진 다른 고사성어를 공부할 수 있고요.

고사성어는 비유적이고 함축적인 표현이 많아서 한자의 뜻만 가지고는 의미를 이해하기가 어려웠어요. 맞지요? 하지만 이 책을 읽고 나면 고사성어의 유래뿐만 아니라 동시와 동화를 통해 일상생활에서 그 말이 어떻게 쓰이는지도 알 수 있으니, 앞으로는 고사성어에 대해 자신감이 붙을 거예요.

자, 출발해 볼까요?

친구들 모두 지혜의 날개를 쭉쭉 펼치고 훨훨 날아가기를 바랍니다.

이 책이 나올 수 있도록 기적을 베풀어 주신 하나님께 감사드립니다.

2018년 1월

김 이 삭

차례

착실하게 노력해서 내일의 문을 활짝

형설지공(螢雪之功)	14
우공이산(愚公移山)	18
청출어람(靑出於藍)	22
독서백편의자현(讀書百遍義自見)	26
괄목상대(刮目相對)	30

어리석은 짓을 보고 배꼽 잡고 깔깔

각주구검(刻舟求劍)	38
교각살우(矯角殺牛)	42
기우(杞憂)	46
어부지리(漁父之利)	50
조삼모사(朝三暮四)	54

더 넓게, 더 깊게 생각하는 힘이 쑥쑥

역지사지(易地思之)	62
유비무환(有備無患)	66
모순(矛盾)	70
과유불급(過猶不及)	74
지피지기(知彼知己)	78

힘든 일이 있어도 기운이 짱짱

새옹지마(塞翁之馬)   86

고진감래(苦盡甘來)   90

전화위복(轉禍爲福)   94

배수진(背水陣)   98

세상을 바라보는 슬기로운 눈이 총총

사필귀정(事必歸正)	106
타산지석(他山之石)	110
호연지기(浩然之氣)	114
구밀복검(口蜜腹劍)	118
낭중지추(囊中之錐)	122

- 함께 배워 두면 좋은 **속담**   129
- 함께 배워 두면 좋은 **고사성어**   133

일러두기

① 동시와 동화로 배울 고사성어예요.

② 동시를 읽으면서 고사성어를 재미있게 배워 봐요.

③ 동화를 읽으면서 다양한 상황에서 고사성어를 활용하는 것을 배워 봐요.

④ 고사성어의 의미를 풀어 보았어요. 예에서는 고사성어가 실제로 사용되는 사례를 보여 줄 거예요.

⑤ 비슷한 의미를 가진 고사성어도 알아보아요.

⑥ 함께 배워 두면 좋은 속담과 고사성어예요. 비는 의미가 비슷한 것을 뜻해요.

착실하게 노력해서 내일의 문을 활짝

노력과 성실의 의미를 가르쳐 주는 **고사성어**

형설지공(螢雪之功)
우공이산(愚公移山)
청출어람(靑出於藍)
독서백편의자현(讀書百遍義自見)
괄목상대(刮目相對)

형설지공 螢雪之功
반딧불 (형) 눈 (설) ~의 (지) 공로 (공)

우리 형

오자마자

보일러 수리한다

서울서 아르바이트하며 공부하는

큰형

쉬었다 하래도

하수구 배관 둘러보고

환풍기 먼지 닦고

닦고 쓸고

닦고 쓸고

이번 학기에도

장학금 받게 되었다고

우리 엄마

동네방네

삶은 고구마 들고 자랑 다니신다

착실하게 노력해서 내일의 문을 활짝

"우리 장남! 이거라도 마시고 하렴."

엄마는 하수구 배관을 만지고 있는 훈이 큰형에게 시원한 오미자차를 내밀었어요.

훈이는 서울에서 대학 다니는 큰형아가 내려올 때마다 엄마 얼굴이 환해지는 것이 참 좋았어요. 훈이도 잘 놀아 주지도 않으면서 가끔 꿀밤까지 먹이는 둘째 형보다 큰형이 좋으니까요.

"형, 서울 언제 가?"

"응, 내일. 아르바이트가 있거든."

큰형 얘기에 훈이는 힘이 조금 빠졌어요.

"형, 그러지 말고 하루만 더 있으면 안 돼?"

훈이가 졸랐어요.

"그만해, 훈아! 형아 바쁘다고 하잖아."

엄마가 말했어요.

"훈아, 형아가 이거 다 고치고 나서 놀아 줄게."

큰형이 훈이를 보며 윙크를 했어요.

"응. 알았어, 형."

훈이는 고개를 끄덕였어요.

"어머니, 저 이번 학기에도 장학금 받을 것 같아요. 성적이 잘 나왔어요."

큰형이 조용히 말했어요.

"아이구, '형설지공' 우리 장남. 아르바이트하면서 공부하는 것도 기특한데 장학금까지 타고."

엄마는 얼마나 좋은지 덩실덩실 춤을 추었어요.

"내가 이러고 있을 때가 아니지. 우리 아들 자랑하러 가야겠다."

엄마는 소쿠리에 삶은 고구마를 담아 들고 아랫집으로 갔어요.

이런 뜻이에요

'개똥벌레의 불빛과 눈 빛 아래에서 공부한다.'는 뜻이야. 옛날에 차윤이라는 사람은 가난해서 등불을 켤 기름을 살 수 없기 때문에, 여름 밤에 빛을 내며 날아다니는 개똥벌레를 잡아다가 명주 주머니에 넣고 그걸로 책을 비춰 가며 공부를 했대. 손강이라는 사람도 가난해서 겨울 밤이면 소복이 쌓인 눈에 반사된 빛을 등불 삼아 책을 읽었다고 해. 이렇게 어려움을 이겨 내며 노력하는 걸 '형설지공'이라고 하는 거지.

비슷한 말을 알아볼까요

주경야독(晝耕夜讀) : 낮에는 일하고 밤에는 책을 읽다.

우공이산 愚公移山
어리석을 (우) 귀인 (공) 옮길 (이) 산 (산)

살빼기 작전

철봉에
오래 매달리기
시험을 보는데

난
겨우 1초

–살 좀 빼라!
친구들이 놀렸다

그날 저녁부터
살빼기 작전에 들어갔다

피자야, 통닭아!
이젠 안녕

먹고 싶은 것 참고
참고 참고 참았더니

8킬로그램 빠진
내 몸
야구공처럼 가볍다

재준이는 철봉에 오래 매달리기 시험에서 1초도 버티지 못했어요.

"야, 너 살부터 좀 빼야겠다."

"그래, 그 몸을 팔이 버티겠니?"

친구들이 하나같이 재준이를 놀렸어요.

"그래, 김재준. 입학할 때는 안 그랬는데 요즈음 부쩍 살이 붙은 것 같구나. 건강을 위해서라도 좀 빼는 게 좋겠다."

선생님마저도 살 빼라는 소리를 했어요.

'에잇! 그래, 두고 보자!'

재준이는 마음속으로 결심했어요.

점심시간 급식실에 가니 재준이가 좋아하는 돈가스가 나왔어요.

"재준이가 오늘은 돈가스 더 달라고 안 하네?"

급식실 영양사 선생님이 웃으며 말했어요.

"헤헤, 저 오늘부터 다이어트하기로 결심했어요."

재준이는 웃으며 돈가스를 조금만 받아다가 먹었어요.

집으로 돌아오는 길, 재준이 배에서는 꼬르륵 소리가 요란했어요.

'참아야 해!'

재준이는 마음속으로 다짐하며 엘리베이터 대신 계단으로 올라갔어요.

저녁에 엄마, 아빠 앞에서 다이어트를 시작했다고 말했어요.

"우리 준이 기특하네."

엄마가 머리를 쓰다듬어 주었어요.

"그래, 준아. 사내 녀석이 칼을 뽑았으면 계획대로 해야지. 옛말에 '우공이산'이라는 말이 있단다. 조금씩, 천천히, 끝까지 네 생각을 밀고 나가면 무슨 일이든 해낼 수 있을 거다."

아빠도 어깨를 두드리며 응원해 주었어요.

'우공이 산을 옮기다.'라는 말이야. 옛날 우공이란 사람은 집 뒤에 큰 산이 있어 이웃 마을에 다니기 불편하다며 그 산을 옮기기로 결심했어. 사람들이 어리석은 짓이라며 비웃었지만, 우공은 자기가 다 못하면 아들, 손자까지 힘을 합쳐서 산을 옮기겠다고 했지. '우공이산'은 남이 보기엔 어리석어 보이더라도 끊임없이 노력하면 마침내 큰일을 이룰 수 있다는 뜻이야. 친구들한테도 이런 우공이산 같은 게 있나 살펴봐. 이루고 싶지만, 언제 다 하겠냐 싶어 접어 둔 일이 있으면 뭐든 오늘부터 시작하는 건 어떨까?

사석위호(射石爲虎) : 바위를 호랑이로 잘못 보고 힘껏 활을 쏘니 화살이 바위에 박힌다.
마부작침(磨斧作針) : 도끼를 갈아 바늘을 만든다.

청출어람 靑出於藍
푸를 (청) 날 (출) ~에 (어) 쪽 (람)

축구왕 서명식

동네 축구부에 든 명식이
시간 날 때마다
코치 따라다니더니

전국 초등학교 축구 경기에서 우승
아시아 유소년 축구 대회에도 나가
우승컵을 받았다

명식이보다 더 좋아하는
벌렁코 코치 선생님
얼굴에 함박꽃 피었다

명식이 소문 동네에 쫙 퍼졌다

동네 축구부에 들어간 명식이는 공 차는 것이 정말 좋았어요. 밥 먹고 나서도 공 차고, 잠자다 일어나서도 공 차고, 꿈에서조차도 공을 몰고 다녔어요.

"저 녀석 공부는 안 하고 축구에 미쳐 다니니 걱정이야."

엄마는 명식이를 볼 때마다 걱정을 했어요.

"괜찮아, 사내 녀석이 운동 잘하는 것은 흠이 아니야. 몸도 튼튼 마음도 튼튼, 얼마나 좋아?"

아빠는 늘 명식이 편을 들었어요.

명식이가 동네 어린이 축구부에 들어간 것도 사실 아빠 때문이에요. 명식이가 들어간 축구부의 벌렁코 코치가 아빠의 대학 친구거든요.

벌렁코 코치는 축구 국가대표 선수가 꿈이었지만, 교통사고로 다리를 다쳐 포기했어요. 지금은 '행복약국' 약사님인데, 동네에서 '어린이 축구단'을 만들고 코치를 맡아서, 일요일마다 아이들과 함께 축구를 하고 있어요.

4학년 새 학기가 시작될 무렵 잠실종합운동

장 보조 경기장에서 '아시아 유소년 축구 대회'가 열렸어요.

공격수를 맡은 명식이가 일본 팀 수비수를 한 명, 두 명 따돌리고 순식간에 한 골을 넣어 1 대 0으로 이기게 되었어요. 결승전에서 만난 중국 팀과는 1 대 1로 비겼지요. 숨 막히는 승부차기에서 중국 선수 다섯 명 중 네 명이 골을 넣었고, 우리나라는 다섯 골을 모두 넣어 극적으로 이겼어요.

와! 함성과 함께 축구왕 명식이 소문이 온 동네에 퍼졌어요.

"오늘 저녁은 내가 쏜다! 호프집으로 다 모여라! '청출어람'이라더니 우리 명식이가 나보다 나아. 하하하."

벌렁코 코치 선생님이 누구보다 기뻐했지요.

'푸른색은 쪽에서 나왔지만 쪽빛보다 더 푸르다.'는 뜻이야. '쪽'이라는 식물에서 검푸른 남색 염료를 만드는데, 그걸 이용해서 푸른색 염료도 만들거든. 남색보다 푸른색이 더 푸르잖아. 그래서 제자가 스승보다 더 훌륭한 일을 했을 때 쓰는 말이지.

예 "청출어람이라더니 너의 글짓기 실력이 선생님보다 나아 큰 상을 받게 되었구나!"

후생각고(後生角高) : 나중에 나온 뿔이 우뚝하다.

독서백편의자현 讀 書 百 遍 義 自 見
읽을 (독) 책 (서) 일백 (백) 횟수 (편) 뜻 (의) 스스로 (자) 나타날 (현)

고래를 읽는 아이

서진이가 바다를 읽는다
아기 흰수염고래 닮은 서진이가
북극 바다를 읽는다
배 깔고 누워서 책을 읽는다

뒹굴뒹굴
꺄륵꺄륵
웃으며 책을 읽는다

흰수염고래 마을 이야기
깊은 바다 나라 대왕고래 이야기
밤이면 차오르는 귀신고래 이야기
얼음 밑에 살고 있는 북극 고래 이야기

차륵차륵

철썩철썩

고래를 꼼꼼히 읽는다

어느 날

고래 마음도 읽는다

서진이는 책을 싫어하는 아이였어요. 그래서 서진이 엄마는 걱정이 많았어요. 그러다 '테마 학습법'이라는 방법을 알게 되었지요.

먼저 서진이가 관심을 갖는 책을 시리즈로 읽게 하는 방법을 써 보기로 했어요. 그래서 서진이랑 도서관 갈 때마다 그림동화책 코너에 가서 '마녀'가 나오는 그림책을 한 권씩 보여 주었지요.

"엄마, 이 책 너무 재미있어요. 또 다른 마녀 이야기 책 찾아 주세요!"

한 권 두 권……. 마녀 시리즈를 끝내고 그다음에는 '여우'가 주인공으로 나오는 동화책을 또 찾아 읽기 시작했어요. 그렇게 하다 보니 서진이가 읽은 책들이 점점 많아졌어요.

그러던 어느 날 엄마는 서진에게 '고래'에 관한 동화책을 읽어 주었어요. 다음 날 아침, 서진이가 꿈속에서 고래를 봤다며 고래에 관한 이야기를 또 읽어 달라고 졸랐어요.

집에는 '고래'에 관한 책이 한 권밖에 없었어요. 엄마는 서진이랑 어린이 도서관에 가서 '고래'를 검색하여 고래가 나오는 책을 더 빌려 왔어요.

매일매일 엄마랑 서진이는 고래에 대한 책을 읽었어요. 그러면서 책을 통해 고래와 가까워지고, 고래의 마음까지 읽게 되었어요. 처음에는 이 고래가 저 고래 같고, 저 고래가 이 고래 같아 헷갈렸는데 자꾸만 보고 또 보다 보니 어느새 고래 박사가 된 것이지요.

'독서백편의자현'이라더니, 되풀이해서 책을 읽다 보니 책을 깊이 있게 이해할 수 있게 되었을 뿐 아니라 책 읽는 것이 이렇게 기쁜 일이라는 것도 알게 되었지요.

'책이나 글을 백 번 읽으면 그 뜻이 저절로 이해된다.'는 뜻이야. 학문을 열심히 탐구하면 뜻한 바를 이룰 수 있음을 가리키는 말이지. 중국 한나라에 동우라는 학자가 있었어. 동우는 글을 배우겠다고 찾아오는 사람들에게 이렇게 말했대. "나에게 무엇을 배우려 들지 말고 자네 스스로 책을 백 번 읽어 보게. 백 번 정도 읽다 보면 저절로 뜻을 깨우치게 될 거야." 조금 어려운 책은 읽어도 뜻이 통하지 않을 때가 종종 있지. 그럴 때 "이 책은 너무 어렵고 재미없어." 하고 포기하면 안 돼. 읽고 읽고 또 읽다 보면 어느새 자연스럽게 이해가 될 거야.

독서백편의자통(讀書百遍義自通) : 책을 백 번 읽으면 뜻이 저절로 통한다.

괄목상대 刮目相對
비빌 (괄) 눈 (목) 서로 (상) 대할 (대)

성탄절

성탄절 날 우리 교회
장기자랑 대회 앞두고
중학생 누나들 팀
연습하는 것을 보니
쿡, 웃음이 나왔다

화음도 박자도 엉망
몸은 뒤뚱뒤뚱
정말 걱정된다, 걱정돼

마침내 크리스마스 이브
시작된 장기자랑 대회

유년부 오카리나 연주 끝나고
드디어 중학생 누나들 차례

♪ ♬ ♩ ~
청바지에 하얀 티셔츠 입고
음악에 맞추어
춤을 추기 시작했다

와아~
모두 환호성을 질렀다
소녀시대가 온 줄 알았다

디모데 홀에서 신나는 음악이 들려왔어요. 문틈으로 들여다보니 중학생 누나들이 춤 연습을 하고 있었어요. 몸은 뒤뚱뒤뚱 비틀거리고 목소리는 꽥꽥 엉망이었어요.

"야, 뭐 해? 우리도 연습해야지!"

뒤에 온 민규가 내 어깨를 툭 쳤어요.

"히히. 저기 좀 봐."

민규도 누나들 연습하는 것을 보고 킥킥거렸어요.

"히히. 정말 웃긴다. 저렇게 몸치 음치 다 모여 어떻게 무대에 서냐?"

우린 킥킥거리며 우리가 연습하기로 한 솔로몬 홀로 향했어요.

드디어 성탄절 날이에요.

교회 본당에는 우리 교회 성도님들 말고도 초대 손님들이 자리를 가득 채우고 있었어요.

'실버벨 실버벨~'

첫 번째 순서로 유년부 아이들의 오카리나 연주가 끝났어요.

'짝짝짝.' 여기저기서 손뼉 치는 소리가 요란하고, 다들 사진 찍느라 정신이 없었어요.

두 번째 순서가 바로 중학생 누나들 팀이래요. 무대 불이 꺼졌다가 다시 환하게 밝아졌어요. 청바지에 하얀 티셔츠를 입은 누나들이 직접 녹음한 노래와 음악에 맞추어 춤을 추기 시작했어요.

연습하던 때와는 달리 호흡이 척척 잘 맞았어요.

"와아!"

모두 환호성을 질렀어요.

'괄목상대'라는 말이 있다더니 바로 저 누나들을 두고 한 말이었어요. 별 기대 안 했는데 대단했지요.

그날 무대에서 정말 멋진 모습을 보여 준 누나들을 새로 보게 되었어요.

'눈을 비비고 다시 보다.'라는 뜻이야. 학식이나 재주가 이전보다 부쩍 향상된 것을 이르는 말이지. 삼국 시대 오나라에 여몽이란 사람이 있었어. 원래는 그냥 평범한 사람이었는데, 어느 날 보니까 놀랄 만큼 아는 게 많아진 거야. 사람들이 놀라자 여몽이 말했지. "선비란 사흘만 떨어져도 눈을 비비고 다시 대해야 합니다." 이런 이야기에서 유래한 말이야. 잠시 못 본 사이에 깜짝 놀랄 정도로 발전하는 사람도 있으니, 편견을 가지지 말라는 의미도 있어.

예 "그는 피나는 노력과 땀으로 피아노 연주 실력이 괄목상대하였다."

일취월장(日就月將) : 날마다 성취하고 달마다 나아간다.

어리석은 짓을 보고 배꼽 잡고 깔깔

사람들의 어리석음을 꼬집는 고사성어

각주구검(刻舟求劍)
교각살우(矯角殺牛)
기우(杞憂)
어부지리(漁父之利)
조삼모사(朝三暮四)

각주구검 刻舟求劍
새길 (각)　배 (주)　구할 (구)　칼 (검)

그 자리가 아니야

출렁출렁 강물 따라
노를 저었네 사공

시끌벅적 이야기꽃
피우던 한 무사
강물에 검 빠뜨렸네

후닥후닥 단검을 꺼낸 무사

배 가장자리에 표시를 했네

나루터에 도착한 무사
표시된 뱃전 밑으로 풍덩 들어갔네

출렁출렁 강물은 흐르고
그 무사 검을 찾지 못했네

옛날 어떤 무사가 사공이 젓는 배를 타고 강을 건너고 있었어요.

그런데 그는 주변 사람들과 뱃사공의 이야기를 정신없이 듣다가 허리에 찼던 검을 그만 강물에 떨어뜨리고 말았어요. 검은 눈 깜짝할 사이에 물속 깊은 곳까지 가라앉아 어떻게 손을 쓸 방도가 없었어요.

그러자 무사는 재빨리 가지고 있던 단검을 꺼내서 검이 떨어진 배의 가장자리에 표시를 새겨 놓았어요. 그런 다음 안심하며 생각했어요.

'이곳이 내 검이 떨어진 곳이니 이렇게 표시해 놓으면 틀림없이 떨어뜨린 칼을 다시 찾을 수 있겠지.'

잠시 후, 배가 나루터에 도착하자 그는 표시해 두었던 뱃전을 확인하고 그 아래 물속으로 풍덩 뛰어들어 갔어요.

하지만 물속을 아무리 뒤져도 떨어뜨린 칼을 찾을 수가 없었지요.

무사는 한참 동안 물속을 헤매고는 뭍으로 올라와 말했어요.

"이게 어떻게 된 일인지 모르겠구나. 분명히 칼이 떨어진 곳을 표시해 놓았는데 도대체가 보이지 않으니 말이야!"

그러자 그 모습을 지켜보던 주위 사람들이 혀를 차며 말했어요.

"이보게, 자네가 칼을 떨어뜨렸던 그곳을 배가 이미 지나쳐 오지 않았는가. 그러니 칼이 있을 리 없지."

"그래, 자네 칼은 애초에 떨어진 그 자리에 가라앉아 있을 텐데 말이야. 엉뚱한 곳에서 칼을 찾고 있으니 그 무슨 황당한 짓인가?"

이 어리석은 무사의 이야기는 '각주구검'이란 말과 함께 오늘날까지 전해지고 있어요.

이런 뜻이에요

'배에 표시를 새겨 두고 칼을 찾는다.'라는 뜻이야. 상황이 달라진 걸 알지 못하고 낡은 생각만 고집하는 어리석음을 의미하지. 친구들은 무슨 일을 하든지 상황에 맞는 행동을 하며 살았으면 해.

비슷한 말을 알아볼까요

수주대토(守株待兎) : 그루터기에 부딪혀 죽은 토끼를 주운 후 매일 그곳에서 토끼를 기다린다.

교각살우 矯角殺牛
바로잡을 (교) 뿔 (각) 죽일 (살) 소 (우)

똥돼지

돼지 돼지 똥돼지
돼지 돼지 똥돼지

닭이랑 거위가
아기 돼지를 놀렸어

으앙, 꿀꿀
아기 돼지는 울고 말았어

그날부터 아기 돼지는
당근도
고구마도
아무것도 먹지 않았어

쿵!
돼지 돼지 똥돼지
돼지 돼지 똥돼지
결국 쓰러지고 말았대

어리석은 짓을 보고 배꼽 잡고 깔깔

닭이랑 거위가 통통한 아기 돼지를 놀렸어요. 아기 돼지는 속상해 울고 말았어요. 한참을 울다 아기 돼지는 살을 빼기로 결심했어요.

"이것 먹어 봐."

남자 친구가 당근을 내밀었어요.

"싫어, 이젠 당근 안 먹을 거야."

아기 돼지는 남자 친구 마음을 무시한 채 등을 돌렸어요.

"맘대로 해!"

남자 친구는 토라져 가 버렸어요.

"우리 아기 돼지. 네가 좋아하는 고구마야. 할미가 특별히 준비했단다."

할머니가 아기 돼지에게 고구마를 내밀었어요.

"싫어요. 이젠 고구마 안 먹을 거예요."

아기 돼지는 등을 돌렸어요.

'꼬르륵 꼬르륵!'

아기 돼지의 배 속에서 꼬르륵 소리가 났어요.

아기 돼지는 배가 고프고 목이 말라도 아무것도 먹지 않았어요.

'쿵!'

어느 날 아기 돼지가 쓰러지고 말았어요.

엄마 아빠 돼지는 걱정이 되어 염소 의사 선생님을 불렀어요.

"몸이 많이 약해졌네요. 아직 한참 클 때라 잘 먹어야 하는데. 살 빼려다가 큰일 날 뻔했습니다. '교각살우'라는 말도 있는데 말이죠."

'소의 삐뚤어진 뿔을 바로잡으려다가 소를 죽인다.'라는 뜻이야. 멀쩡하던 걸 괜히 긁어 부스럼 만든다든가 작은 일에 신경 쓰다가 일을 망치는 경우도 있어. 아기 돼지의 어리석은 행동을 보고 친구들은 따라하지 마. 모름지기 마음을 넓게 먹고 편안하게 생각하는 게 최고 아닐까.

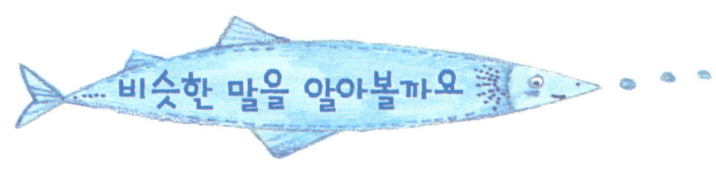

소탐대실(小貪大失) : 작은 것을 욕심내다가 큰 것을 놓친다.

기우 杞 憂
나라 이름 (기) 근심 (우)

고구마 밭 소동

멧돼지들
달이 뜨는 밤이면
건너편 바닷가 마을로 헤엄쳤지

고구마 밭으로 돌진

밤새 아삭아삭 생고구마
파티를 열지

새벽녘이 되자
멧돼지들 파티를 끝내고
헤엄쳐 돌아왔지

아기 멧돼지는 풀숲에
까무룩 잠이 들고 말지

멧돼지 지나간 자리
먹다 남은 고구마들
삐뚤빼뚤 널려 있지

농부는 한숨을 쉬고 말았지
그 한숨 소리 아기 멧돼지
걱정만 쌓여 갔지

바다 건너 조그마한 섬에 멧돼지 가족이 살고 있었어요. 멧돼지 가족은 캄캄한 밤이 되면 헤엄을 쳐서 바닷가 마을 고구마 밭으로 왔어요. 그리고 밤새 아삭아삭 맛있는 고구마로 파티를 열었어요. 그러다가 새벽이 되어서야 자신들이 사는 섬으로 헤엄쳐 갔어요.

어느 날, 가족들과 함께 고구마를 먹으러 온 아기 멧돼지가 혼자 고구마 밭 뒤 풀숲에서 까무룩 잠이 들고 말았어요.

다음 날 아침 멧돼지 가족이 밤새 밭고랑을 엉망으로 만들어 놓은 것을 본 농부가 한숨을 지었어요.

"이러다가 멧돼지들이 애써 농사지은 고구마를 다 먹어치우겠군. 내년부터는 정말 고구마 농사는 짓지 말아야겠어."

부지런한 농부가 혼자말로 푸념을 했어요. 풀숲에서 자다 깨어난 아기 멧돼지는 농부가 하는 말을 듣고 발만 동동 굴렸어요.

"이제 어쩌지……?"

아기 멧돼지는 고구마를 못 먹게 될까 봐 속이 까맣게 타들어갔어요. 어서 밤이 되기를 기다리고 또 기다렸지만 그날따라 하루 해는 길기만 했지요.

드디어 캄캄한 밤이 되었어요.

엄마 아빠 멧돼지가 아기 멧돼지를 찾아 헤엄쳐 왔어요.

"엄마, 아빠! 큰일 났어요! 농부 할아버지가 내년에는 고구마 농사를 짓지 않겠대요."

아기 멧돼지가 소리쳤어요.

"흐흐, 걱정 마! 그 말은 농부 할아버지가 몇 년째 하는 소리야."

아빠 멧돼지가 웃으며 말했어요.

"그럼 그럼. 우리 때문에 밭농사를 짓지 않을 리 없어. 엄마 아빠만 믿어. 그런 공연한 걱정을 '기우'라고 한단다."

엄마 멧돼지가 차분하게 말했어요.

"그 대신 오늘은 조금만 먹고 가도록 하자."

아빠 멧돼지가 다정하게 말했어요.

'기나라 사람의 걱정'이라는 뜻이야. 옛날 중국 기나라에 살던 한 사람이 '만일 하늘이 무너지면 어디로 피해야 좋을 것인가?' 하고 잠도 못 자고 밥도 못 먹고 걱정하였대. 그래서 앞일에 대해 쓸데없이 하는 걱정을 '기우'라고 해. 친구들은 앞으로 다가올 미래에 대하여 공연한 근심 걱정을 하지 말고 항상 밝게 살아갈 거지?

내우외환(內憂外患) : 안으로는 걱정, 밖으로는 근심. 사방이 온통 걱정거리뿐이다.

어부지리 漁父之利
고기 잡을 (어) 아버지 (부) ~의 (지) 이로울 (리)

홍시 파티

감나무에 빨간 등불
켜지면

털보네 할아버지
홀쭉이 할머니

서로 자기 집
나무라 다툼이 시작되지

감감 우리 감 흥!
감감 우리 감 흥!

찌릭 찌릭
쬐릭 쬐릭
털보네 할아버지가 쏜 눈 레이저 파워
홀쭉이 할머니가 쏜 눈 레이저 파워
……

어리석은 짓을 보고 배꼽 잡고 깔깔

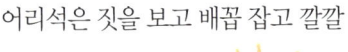

얘들아,
홍시 파티 하자! 깍깍깍 깍깍
두 집안 싸움 틈에
까치들 홍시 파티 열었지

상북 마을에 아주 오래된 감나무 한 그루가 있었어요.

해마다 가을이 되면 이 나무에 커다란 감이 주렁주렁 열렸지요.

그 맛은 이루 말할 수 없이 달콤했어요.

이 나무의 감을 맛본 사람은 그 달콤함에 넋이 빠졌어요.

그런데 이 감나무의 주인이 누구인지 애매하게 되어 있었어요.

왼쪽 가지는 털보네 할아버지 집으로 뻗었고, 오른쪽 가지는 홀쭉이 할머니 집 쪽으로 뻗어 있었거든요.

감나무는 두 집의 담 가운데 자리를 잡고 있었지요.

그래서 늘 다툼이 끊이지 않았어요.

"털보 영감, 이 감나무는 분명 우리 김 씨 가문 대대로 내려오는 감나무이니 털끝 하나 대지 마시오!"

홀쭉이 할머니가 천둥처럼 소리쳤어요.

"무슨 소리! 이 감나무는 우리 가문 대대로 내려오는 우리 나무가 확실하다오. 홀쭉이 할멈이야말로 감나무 근처에는 얼씬하지 마시오!"

털보 할아버지와 홀쭉이 할머니는 서로 원수처럼 노려보며 싸움을 시작했어요. 두 사람의 전쟁이 시작되면 어느 집도 맛나는 감을 따 먹을 수가 없었어요.

'깍깍, 홍시 파티 하자!'

두 집안이 다투는 사이 까치들은 '어부지리'로 감을 맛나게 먹었어요.

이런 뜻이에요

'어부의 이익'이라는 뜻이야. 조개 한 마리가 바닷가에서 입을 벌리고 있었어. 황새가 조갯살을 찍어 먹으려고 하니까 깜짝 놀란 조개가 입을 다물어 황새 부리를 꽉 물었지. 조개와 황새가 그렇게 다투는 사이에 어부가 둘 다 잡아갔대. 이 이야기에서 나온 말이야. 둘이 다투는 동안 엉뚱한 사람이 이익을 얻는 것을 가리키지. 친구들은 그런 적 없니? 마지막 남은 피자 한 조각을 놓고 오빠랑 여동생이 서로 먹으려고 다투고 있는데 강아지 쫑이가 날름 먹어 버리는 그런 경우 말이야.

방휼지쟁(蚌鷸之爭) : 조개와 황새의 싸움.

조삼모사 朝三暮四
아침 (조)　석 (삼)　저물 (모)　넉 (사)

딱지가 좋아

눈보라 치는 밤
여우 셋 딱지를 친다

딱!
꼬리 하얀 첫째 여우 딱지
넘어가지 않네

탁!
입술 빨간 둘째 여우 딱지도
넘어가지 않네

타닥!
눈꼬리 처진 막내 여우 딱지
넘어갔네

"막내야, 네 딱지랑 내 딱지랑 바꾸자!"
"싫어!"

"네 딱지 두 장이랑 내 딱지 네 장 바꾸자!"
"좋아!"

탁 탁 탁
바꾼 딱지 잘 넘어갔지

눈보라가 치는 밤이었어요. 숲 속 깊은 동굴에 여우 삼형제가 살았어요. 노란 털에 동글동글한 눈을 가진 여우들이었지요. 이렇게 추운 날이면 여우 삼형제는 따뜻한 동굴에서 딱지치기를 즐겼어요.

꼬리가 유난히 하얀 첫째 여우가 딱지를 쳤어요. 딱! 소리만 나고 딱지가 넘어가지 않았어요.

입술이 빨간 둘째 여우가 딱지를 쳤어요. 탁! 이번에도 딱지가 넘어가지 않았어요.

눈꼬리가 처진 막내 여우가 딱지를 쳤어요. 타닥! 꼼짝 않던 딱지가 홀딱 넘어갔어요.

"앗싸!"

막내 여우가 좋아서 소리쳤어요. 딱지치기에서 이긴 막내 여우는 형들의 딱지를 한 장씩 가질 수 있었어요. 첫째 여우와 둘째 여우는 기분이 좋지 않았어요. 아까부터 막내 여우만 계속 이기고 있었거든요.

'막내의 딱지가 두껍고 단단해서 그래.'

그렇게 생각한 첫째 여우는 막내 여우에게 말했어요.

"막내야, 네 딱지랑 내 딱지랑 바꾸자."

막내 여우는 고개를 저었어요.

"싫어. 난 내 딱지가 좋아."

"네 딱지 두 장 주면 내 딱지를 네 장 줄게."

막내 여우는 그 말에 고개를 끄덕였어요. 두 장 주고 네 장을 받는 거니까요.

딱지를 바꾼 다음부터 첫째 여우의 딱지가 잘 넘어가기 시작했어요. 막내 여우는 울상이 되었지요. 두 장 주고 네 장 받아서 기분 좋았는데, 그다음부터 계속 지기만 하니 가진 딱지가 자꾸만 줄어들었어요.

둘째 여우가 말했어요.

"처음엔 더 좋은 건 줄 알았지? 네가 형한테 속은 거야. 그런 걸 '조삼모사'라고 하지."

'아침에 세 개, 저녁에 네 개.'라는 뜻이야. 옛날 저공이란 사람이 원숭이를 여러 마리 길렀는데, 먹이 값이 너무 많이 들었대. 그래서 원숭이들한테 "오늘부터 먹이를 아침에 세 개, 저녁에 네 개씩 주마."라고 했지. 원숭이들은 화를 냈어. "그럼 아침에 네 개, 저녁에 세 개씩 주지." 그러자 원숭이들은 좋아했다는 얘기야. 그래서 '조삼모사'는 잔꾀로 남을 속인다는 의미지. '눈 가리고 아웅한다.'라는 말과도 비슷해. 눈앞의 이익만을 생각하다 속임수를 알아차리지 못하는 어리석음을 뜻하기도 해.

예 "공짜 폰이라고 좋아했더니 요금제를 보니 조삼모사가 따로 없구나."

감언이설(甘言利說) : 상대방을 꼬이기 위해 달콤하게 꾸며 낸 말.

더 넓게 더 깊게 생각하는 힘이 쑥쑥

사고력과 문제해결력을 키워 주는 고사성어

역지사지(易地思之)
유비무환(有備無患)
모순(矛盾)
과유불급(過猶不及)
지피지기(知彼知己)

역지사지 易地思之
바꿀 (역) 처지 (지) 생각 (사) 이 (지)

뿔난 수탉

닭 모이 주는데
참새가 콕콕

닭 모이 주는데
까치가 콕콕

화가 난 수탉 날개를
퍼득퍼득

"수탉아, 친구들 생각도 하렴.
얼마나 배고프겠니."

수수 할멈
다른 날보다 모이를
듬뿍듬뿍 주었지

수수 할멈이 닭 모이를 주었어요.

"주주주~"

닭들이 파닥거리며 먹이를 먹으러 왔어요.

"냠냠, 콕콕."

참새 떼가 몰려와 모이를 쪼아 먹고는 포르르 대숲으로 날아갔어요.

"저, 저것들이……."

수탉이 화가 나 참새 떼가 날아간 대숲을 노려보았어요.

"주주주~"

수수 할멈이 다시 닭 모이를 주었어요.

"냠냠, 콕!"

이번에는 까치가 날아와 모이를 쪼아 먹고 감 나무로 날아갔어요.

"내 먹이 훔쳐 먹지 마!"

수탉은 까치가 날아간 감나무 쪽을 노려보았어요.

"수탉아, 저 애들이 오죽 배가 고프면 그러겠니? '역지사지'라는 말도 있잖아. 네 몫 많으니 화내지 말거라."

수수 할멈이 다른 날보다 모이를 듬뿍 뿌려 주며 말했어요.

'다른 사람의 처지에서 생각하다.'라는 뜻이야. 입장 바꿔 생각하라는 말과 같아.

예 "도대체 왜 그렇게 날마다 싸우는 거냐? 역지사지의 태도로 생각 좀 해 봐라."

역지개연(易地皆然) : 사람은 입장을 바꾸어 같은 처지에 있게 되면 모두 같은 행동을 한다.

유비무환 有備無患
있을 (유) 갖출 (비) 없을 (무) 근심 (환)

데굴데굴 알밤 찾기

"올해는 흉년이 올 것 같으니
미리 겨울 양식 준비하자꾸나."
"네, 엄마."

엄마 다람쥐랑
아기 다람쥐
겨울 준비하네

아기 다람쥐
왕밤을 줍네

아직 서툴러
알밤 대신
솔방울도 줍고
돌멩이도 줍네

땍때굴~ 밤송이 안에 들어 있던 밤 한 톨이 떨어져 나와 굴렀어요.

"와아, 왕밤이다!"

아기 다람쥐가 왕밤을 주웠어요.

"올해 밤이 많이 열린 걸 보니 흉년이 들려나 보다."

밤나무를 보며 엄마 다람쥐가 걱정스레 말했어요.

"그걸 어떻게 알아요, 엄마?"

아기 다람쥐가 고개를 갸웃거리며 물었어요.

"응, 조상님들이 전해 주신 지혜란다. 나무에 열매가 적게 열리면 농사는 풍년이 들고, 나무에 열매가 많이 열리면 농사가 흉년이 든대."

엄마 다람쥐가 아기 다람쥐 머리를 쓿어 주었어요. 아기 다람쥐는 반짝반짝 빛나는 까만 눈동자로 엄마 다람쥐를 바라보았어요.

"그리고 '유비무환'이란 말도 있지. 추운 겨울을 걱정 없이 보내려면 지금부터 미리미리 준비해야 한단다."

"엄마, 저도 열심히 알밤 찾을게요."

아기 다람쥐는 엄마를 따라다니며 알밤을 주워 모았어요.

"엄마! 이거 알밤이죠?"

"그건 솔방울이구나."

"이건요?"

"그건 돌멩이인데?"

아기 다람쥐의 실수에 엄마 다람쥐는 호호 웃기만 했어요.

이런 뜻이에요

'준비가 있으면 근심 걱정이 없다.'는 뜻이야. 미리미리 대비하고 있으면 아무리 어려운 일도 쉽게 해결할 수 있다는 말이지. 시험 직전 벼락치기로 공부하는 것보다 평소에 미리미리 공부해 두는 게 훨씬 효과적이겠지?

예 "옛날 사람들이 외적의 침입을 막기 위해 유비무환의 정신으로 이 성을 쌓은 거야."

비슷한 말을 알아볼까요

거안사위(居安思危) : 편안한 때에 앞으로 닥칠 위태로움을 생각한다.

모순 矛盾
창 (모) 방패 (순)

매화마을 꽃향기 배달부

꽃향기 배달 서비스
누가
갈래?

저요!

심술쟁이 바람이
선뜻 나섰다

좋아!

연두 요정은 고민하다
말썽꾸러기 바람 배달부 행동 걱정되었지만
승낙했다

매화마을 지킴이 연두 요정이 제안했어요.

"꽃향기 배달 서비스 누가 갈래?"

연두 요정 말이 떨어지기도 전에 심술쟁이 바람이 손을 번쩍 들었어요.

"저요! 저요! 제가 제일 빠르잖아요!"

바람은 달리기도 빠르고 행동이 잽싸서 배달부 일을 맡기면 잘 할 수 있을 것 같았어요. 하지만 잽싼 만큼 성격도 급해서 일을 망치기도 하고 말썽도 자주 일으켰지요.

"너무 빨리 하려고 하다가 실수하는 건 아니겠지?"

"걱정 마세요. 빨리빨리, 조심조심해서 배달할게요!"

어쩐지 '모순'으로 보이는 바람의 말에 연두 요정은 더 걱정이 되었지만, 바람을 한번 믿어 보기로 했지요. 바람은 이제 꽃향기 배달부가 되었어요.

"시작해 볼까?"

임무를 맡은 심술쟁이 바람은 매화나무 가까이 달려갔어요.

얍얍얍!

심술쟁이 바람은 매화가 향기 통에 향기를 모으기도 전에 매화 꽃잎을 땅에 떨어뜨리고 말았어요.

원래는 '창과 방패'라는 뜻이야. 무기를 파는 장사꾼이 자기 창은 어떤 방패라도 뚫을 수 있다고 자랑했고, 자기 방패는 어떤 창이라도 막아 낼 수 있다고 자랑했지. 그럼 장사꾼의 창으로 장사꾼의 방패를 찌르면 어떻게 될까? 말이 안 되잖아. 이렇게 앞뒤가 맞지 않는 걸 '모순'이라고 해.

자가당착(自家撞着) : 같은 사람의 말이나 행동이 앞뒤가 맞지 않는다.

과유불급 過猶不及
지나칠 (과) 같을 (유) 아니 (불) 미칠 (급)

연습이 심했나?

삑! 심판이 호각 불자
민지랑 도현이 탁구 시합 시작한다

핑퐁핑퐁 탁구 공
민지야, 받아라

핑퐁핑퐁 탁구 공
도현아, 뭐 하니?

찌리리
겨드랑이가 아파
도현이 공을 놓쳤다

민지 승!
도현이 자존심이 구겨졌다

손꼽아 기다리던 탁구 시합이 내일이에요. 도현이는 이번 대회에서 꼭 1등을 하고 싶었어요. 아침을 먹자마자 도현이는 놀이터 탁구장으로 향했어요.

'핑퐁핑퐁!'

벽을 향해 하루 종일 탁구 연습을 했어요. 해가 느티나무 밑으로 떨어질 즈음에야 도현이는 집으로 돌아왔어요.

드디어 탁구 시합 날이 되었어요. 도현이의 상대 선수는 민지였어요. 민지는 여자 대표 선수예요.

"삑!"

심판을 맡은 현수가 호각을 불었어요. 도현이는 탁구채를 단단히 잡고 날아오는 공을 받아쳤어요. 시합은 팽팽했어요. 도현이가 한 점 내고, 민지가 한 점 내고.

그런데 갑자기 도현이 오른쪽 겨드랑이가 찌리리 아파 오기 시작했어요. 도현이는 꾹 참고 공을 치려고 했지만, 놓치고 말았어요.

"어어어?"

응원하던 아이들이 놀란 눈으로 도현이를 쳐다봤어요.

시합 내내 도현이는 공을 제대로 치지 못했어요. 빗나가고, 네트에 걸리고…….

"어제 하루 종일 연습했다더니 '과유불급'이네!"
친구들이 안타까워했어요.

'지나친 것은 모자란 것과 같다.'는 뜻이야. 밤새워 공부하다가 시험 시간에 졸음이 와서 시험을 망치면, 공부 안 한 거나 마찬가지잖아.

예 "과유불급이라고 풍선에 바람을 너무 많이 넣어 결국 풍선이 터지고 말았어."

교불약졸(巧不若拙) : 교묘한 재주로 남을 속이는 것이 서툰 것만 못하다.

지피지기 知彼知己
알(지) 그(피) 알(지) 나(기)

엄마는 알아요

깍깍깍 깍깍
집을 짓자

둥글고 포근한
보금자리

깍깍깍 깍
집을 짓자

올해는 태풍이 오지 않을 것 같으니
높은 가지에 집을 짓자

아늑한 버드나무 보금자리
엄마 까치 느낌으로 짓지

버드나무 꼭대기에 엄마 까치가 집을 짓고 있어요.

부지런히 나뭇가지를 물어다가 촘촘하게 쌓아 올리고, 다듬고 있지요.

"엄마, 엄마 올해는 왜 이렇게 높은 곳에 집을 지어요? 깍깍! 작년에는 저 아래 낮은 가지에 지었잖아요."

아기 까치가 꼬리를 쫑긋 올리며 엄마 까치에게 물었어요.

"음, 올해는 태풍이 오지 않을 것 같구나. 그래서 높은 곳에 짓는 거란다."

엄마 까치가 아기 까치를 보며 빙그레 웃었어요.

"그것을 어떻게 알아요? 깍깍!"

아기 까치는 엄마 까치를 보며 신기해했어요.

"오래 살다 보면 그해의 날씨도 미리 짐작할 수 있게 되지."

"엄마, 작년에는 태풍이 올 것을 미리 알고 낮은 곳에 집을 지었군요. 정말 대단해요! 깍깍!"

작년 여름, 나무가 휘청휘청 흔들릴 정도로 심한 바람이 불었던 게 생각났어요. 아기 까치는 엄마 까치가 세상에서 제일 똑똑하고 훌륭해 보였어요.

"맞단다. 하지만 태풍이 불 것 같아도 너무 낮은 곳에 지으면 안 돼. 나쁜 짐승들이 우리 집을 노리고 기어 올라올 수 있으니까. 적당한 높이를 찾을 줄 알아야지."

"세상에는 알아 둬야 할 게 참 많네요."

"그래, '지피지기'면 살아가는 데 어려움이 없단다."

이런 뜻이에요

'그를 알고 나를 안다.'는 뜻이야. 『손자병법』의 '지피지기 백전불태(知彼知己 百戰不殆)'라는 말에서 나왔어. 적군과 아군의 상황을 알고 승산이 있을 때 싸운다면 백 번을 싸워도 결코 위태롭지 않다는 의미지.

싸움터에서뿐만 아니라 살아가며 해야 하는 모든 일이 마찬가지야. 내가 할 수 있는 일이 무엇인지, 그리고 주변의 다른 사람들은 어떻고 주위 환경은 어떤지 잘 알고 있어야 무슨 일을 해도 잘 할 수 있겠지?

비슷한 말을 알아볼까요

지적지아(知敵知我) : 적의 사정과 나의 사정을 자세히 알다.

힘든 일이 있어도 기운이 짱짱

힘들고 어려울 때 도움이 되는 고사성어

새옹지마(塞翁之馬)
고진감래(苦盡甘來)
전화위복(轉禍爲福)
배수진(背水陣)

새옹지마 塞翁之馬
변방 (새) 늙은이 (옹) ~의 (지) 말 (마)

 ## 엄마의 변덕

몸 약하던
진아는
달리기 선수 되었지

타조보다 빠르고
제트기보다 빠르게

다다다닥
다다다닥

"에고, 건강해서 좋긴 한데
성적 때문에 걱정이야."

엄마 한숨도
다다다닥
다다다닥 달리고

진아는 달리기를 엄청 잘해요. 이번 전교 체육 대회에서도 백 미터 달리기 우승을 차지했지요.

엄마는 이런 진아가 걱정이에요. 진아가 운동에만 관심을 가지면서 성적이 점점 떨어지고 있거든요.

"진아 엄마, 그러지 말고 진아 운동선수로 키워 봐요."

고민하는 진아 엄마에게 옆집 창수 엄마가 권유했어요.

"에고, 몸이 약했던 아이가 건강해져 상도 받고 좋긴 한데, 고학년이 되니 걱정이네요. 이러다가 공부와는 담을 쌓겠어요."

진아 엄마는 한숨을 폭폭 쉬었어요.

창수 엄마는 웃으면서 말했지요.

"사람 사는 게 '새옹지마'라잖아요. 지금은 걱정되어도, 혹시 알아요? 진아가 나중에 운동선수로 크게 성공할지."

이런 뜻이에요

'변방에 사는 노인의 말'이라는 뜻이야. 변방에 사는 노인이 말을 한 마리 기르고 있었는데, 그 말이 도망을 쳤어. 사람들이 노인을 위로했지. 그런데 몇 달 뒤 도망갔던 말이 암말과 함께 돌아온 거야. 사람들은 잘된 일이라며 부러워했어. 그런데 노인의 아들이 그 말을 타다가 떨어져서 다리를 다쳤네? 이번엔 모두들 걱정을 했지. 하지만 나라에 전쟁이 터져서 젊은 남자들은 군인으로 끌려갔는데, 노인의 아들은 다리를 다친 사람이라 끌려가지 않을 수 있었어.

이렇게 세상 살다 보면 좋은 일이 나쁜 일이 되기도 하고, 나쁜 일이 좋은 일이 되기도 하므로 미리 예측하기 어렵다는 말이 '새옹지마'야. 눈앞에서 벌어지는 일에 너무 연연하지 말라는 의미인 거지. 안 좋은 일이 있어도 너무 속상해하지 말 것. 그 일이 나중엔 좋은 결과로 이어질 수도 있으니까.

예 "아들아, 시험은 다음에 잘 보면 돼! 너무 속상해하지 마. 인생은 다 새옹지마라고 하잖아."

비슷한 말을 알아볼까요

북수실마(北叟失馬) : 북쪽에 사는 노인이 말을 잃어버리다.

고진감래 苦盡甘來
쓸(고) 다할(진) 달(감) 올(래)

삼겹살 응원단 우리 엄마

"조금만 참아라!"

지글지글 불판 위에
삼겹살이 익어 가고

"네 삼촌만큼만 되어라!"

모락모락
삼촌 일대기가 피어나고

보글보글 내 머리 위에
부담감이 늘어나고

'열심히 하면
언젠가 웃을 날 있겠지?'

지혜는 상추에 삼겹살 얹어
생각을 꼭꼭꼭 씹는다

우리 막내 삼촌은 어렸을 때는 공부를 잘하지 못했대요.

같은 책을 되풀이해서 읽어도 그 뜻을 잘 이해하지 못했고, 잘 외우지도 못했대요.

그렇지만 삼촌은 포기하지 않고 책 한 권을 이해하려고 백 번씩이나 읽었대요.

그러다 점점 책을 이해하고 좋아하게 되었어요.

성적도 점점 올라가서, 이번에 우리나라에서 제일 좋은 대학교에 들어가게 되었어요.

이번에 나는 시험 성적이 엉망으로 나왔어요. 성적표를 받아 온 날, 내가 풀

이 죽어 있으니까 엄마는 야단치는 대신 삼촌 이야기를 해 주었어요.

"지혜야, '고진감래'라고 한단다. 너도 막내 삼촌처럼 포기하지 않고 노력하면 좋은 성적을 얻을 수 있을 거야. 조금만 더 힘내!"

엄마는 내가 좋아하는 삼겹살을 구워 주며 나를 위로했어요.

이런 뜻이에요

'쓴 것이 다하면 단 것이 온다.'라는 뜻이야. 고생 끝에 즐거움이 찾아온다는 말이지. '고생 끝에 낙이 온다.'는 말과 비슷해.

예 "고진감래라더니 오랫동안 빛을 못 보다가 국가대표 선수가 되었대."

비슷한 말을 알아볼까요

흥진비래(興盡悲來) : 즐거운 일이 다하면 슬픈 일이 온다.

전화위복 轉 禍 爲 福
구를 (전) 재앙 (화) 될 (위) 복 (복)

책 속으로 풍덩! 들어간 임금님

영조 임금님은
늘 기가 죽었대

쑥덕쑥덕
임금님 엄마는
수리수리 무수리
수리수리 무수리

영조 임금님은
쑥덕쑥덕 그 소리 들을 때마다
책 속으로 피신을 갔대

덕분에
훗날 백성들 마음 아는
멋진 왕이 되었지

그거 아니?
영조 임금님은 쑥떡은 전혀 안 먹었대

조선 제21대 왕 영조 임금님은 어머니가 무수리 출신이라 늘 기가 죽어 있었어요. 무수리는 궁궐에서 일하는 여자들 중 신분이 가장 낮은 사람들이었어요. 궁녀들에게 세숫물을 떠다 바치거나 빨래를 하거나 물을 긷는 등, 가장 힘든 일만 도맡아 하는 사람들이었지요.

영조 임금님은 어머니 신분이 낮다는 꼬리표를 떼기 위해 더욱 열심히 공부했어요.

어느 날 형님인 경종 임금님이 갑자기 돌아가셨어요. 그 뒤를 이어 영조가 임금님이 되었지요.

사람들은 영조 임금님이 경종 임금님에게 독을 먹여 죽였을지도 모른다고 수군거렸어요. 거기에 어머니의 출신 문제까지 더해져서 처음 임금님이 되었을 때 영조 임금님은 무척이나 불안한 나날들을 보냈어요.

하지만 자신이 곱게 자란 온실 속 화초가 아니기 때문에 백성들을 더 잘 이해한다는 자부심이 있었어요.

그래서 백성을 생각하는 임금님이 되기 위해 많은 노력을 기울였지요. 백성들이 가장 고통스러워하는 군대 문제, 토지 문제를 해결하기 위해 새로운 제도를 만들었고요. 편을 나눠 싸우는 신하들을 공평하게 다스리기 위해 탕평책이란 정책을 내놓았어요.

조선의 임금님 중 가장 오래 살면서 가장 오랫동안 임금 자리를 지켰고, 역사에 길이 남을 여러 가지 업적을 남긴 분이 영조 임금님이랍니다.

어머니 때문에 주변으로부터 비난을 받았지만 쑥덕쑥덕 들려오는 그 비난의 소리를 극복하기 위해 열심히 공부하고 노력해서 훌륭한 임금님이 되었으니, '**전화위복**'이지요.

이런 뜻이에요

'화가 바뀌어 오히려 복이 된다.'라는 뜻이야. 좋지 않은 일이 계기가 되어 오히려 좋은 일이 생길 수 있다는 말이지. 지금 재앙으로 여겨지는 것이 언젠가 복이 될 수도 있고, 지금 복이 언젠가 화가 될 수도 있으니 현재 상황에 너무 연연해하지 말라는 뜻이 담겼어.

비슷한 말을 알아볼까요

무망지복(毋望之福) : 바라지도 않은 행복, 뜻밖에 얻은 행복.

배수진 背水陣
등질(배) 물(수) 진칠(진)

130 대 13

"장군, 칠천량해전에서 우리 수군이 전멸했다 하옵니다!"
소식 전해 들은 이순신 장군
가슴이 찢어졌대요

"모두 자신의 자리를 정비하고 대책 회의를 합시다!"

필사즉생 필생즉사

우리 수군 가슴마다
깊게 새겨진 글자
명량 앞바다 파도도 기억하리

130 대 13
승리의 깃발
둥둥둥 북소리 울린다

임진왜란이 일어났을 때, 전쟁 준비를 전혀 하지 않고 있던 조선은 일본군에 계속해서 당하기만 했어요. 임금님도 도망가고요. 하지만 백성들이 들고 일어나 의병이 되어 싸우고, 특히 바다에서 이순신 장군이 일본 수군을 무찌르며 분위기를 바꿨지요.

하지만 이순신 장군은 일본과 간신들의 음모로 누명을 쓰고 잡혀 가게 되었어요. 이순신 장군 대신 삼도수군통제사가 된 원균은 거제도 칠천량에서 싸움에 크게 지고 말았지요. 그 소식을 전해 들은 이순신 장군은 누구보다 마음이 아팠어요.

그제야 정신을 차린 임금님은 이순신 장군을 풀어 주고 다시 삼도수군통제사에 임명했어요.

전쟁터로 돌아온 이순신 장군은 싸울 준비를

했어요. 하지만 칠천량해전에서 진 조선 수군에는 배도, 병사들도 얼마 없었지요. 그러한 상황에서 일본의 대군과 싸워야 했어요.

이순신 장군은 명량 전쟁터에 나가기 전, 종이에 '필사즉생 필생즉사'라고 썼어요. 이 말은 '죽기를 각오하면 살 것이고, 살고자 한다면 죽을 것이다.'라는 뜻이에요. 전투에 나가는 자신의 각오를 부하들에게 보여 주기 위해 쓴 거였죠. 죽기를 각오하고 싸우러 나간 이순신 장군은 명량해전에서 큰 승리를 거뒀어요.

명량해전에 나온 일본의 전함 수는 백삼십 척이 넘었어요. 이순신 장군이 이끄는 배는 고작 열세 척이었고요. 일본의 승리를 의심하는 사람이 이상할 정도였지요. 그럼에도 '배수진'의 각오로 싸운 이순신 장군과 우리 수군은 기적과도 같은 대승리를 거두었어요.

이런 뜻이에요

'물을 등지고 진을 치다.'라는 뜻이야. 앞에는 적군이 버티고 있는데 뒤에는 물이 가로막고 있으면 도망칠 수 없겠지. 죽을 각오로 싸우는 수밖에. 그래서 '배수진'은 어떤 일을 성취하기 위해 죽기를 각오하고 정면으로 맞서는 것을 비유하는 말이 되었지.

비슷한 말을 알아볼까요

파부침선(破釜沈船) : 솥을 깨어 버리고 배를 가라앉힌 다음 싸움터에 나서다.

세상을 바라보는 슬기로운 눈이 **총총**

세상을 보는 눈을 띄워 주는 **고사성어**

사필귀정(事必歸正)
타산지석(他山之石)
호연지기(浩然之氣)
구밀복검(口蜜腹劍)
낭중지추(囊中之錐)

사필귀정 事 必 歸 正
일 (사) 반드시 (필) 돌아갈 (귀) 바를 (정)

에고, 그럴 줄 알았지

찢어진 그물 빌렸는데도
착한 어부
청어 많이 잡았다

"끼룩끼룩 착한 어부님
청어 한 마리 주세요."

"옛다!"

소문 듣고

그물 찢어 바다에 던진
욕심쟁이 어부 배 위로
갈매기가 난다

"끼룩끼룩 욕심쟁이 어부님
청어 한 마리 주세요."

"떽기놈, 꺼져라!"

툭툭툭
청어들 그물 사이로 도망친다

옛날 어느 바닷가 마을에 마음 착한 어부와 욕심쟁이 어부가 살았어요. 어느 날 착한 어부가 욕심쟁이 어부에게 그물을 빌리러 갔어요. 욕심쟁이 어부는 심술궂게도 찢어져서 못 쓰는 그물을 주었어요. 하지만 착한 어부는 아무것도 모르고 찢어진 그물을 정성껏 바다에 던졌지요.

그날따라 착한 어부의 그물에 청어가 많이 잡혔어요. 그걸 보고 괭이갈매기들이 끼룩거리며 물고기를 달라고 애원했어요.

"어부 할아버지, 물고기 한 마리만 주세요! 끼룩."

착한 어부는 괭이갈매기들에게 청어 몇 마리를 던져 주었어요.

"옛다!"

착한 어부가 찢어진 그물로도 청어를 많이 잡았다는 소문을 들은 욕심쟁이 어부는 심통이 났어요. 욕심쟁이 어부는 말짱한 그물을 쭉 찢어 배에 싣고 바다로 나갔어요.

'히히, 이만하면 청어 떼가 몰려오겠지?'

욕심쟁이 어부는 찢어진 그물을 바다에 던졌어요.

"청어 떼다! 청어 떼! 끼룩."

괭이갈매기들이 욕심쟁이 어부의 배 위를 빙빙 돌았어요.

"땍기놈, 썩 꺼져라!"

욕심쟁이 어부는 사납게 노를 휘둘러 괭이갈매기를 쫓아 버렸어요. 그러곤 청어가 잔뜩 잡혔을 거라 기대하면서 그물을 잡아당겼어요.

툭 툭 툭! '사필귀정'이라더니 찢어진 그물 사이로 청어들이 도망을 치고

욕심쟁이 어부가 끌어올린 건 찢어진 빈 그물뿐이었어요.

이런 뜻이에요

'일은 반드시 옳은 이치로 돌아간다.'는 뜻이야. 처음에는 일이 잘못되는 것처럼 보일 수도 있지만, 결국엔 반드시 옳은 이치대로 이루어지는 법이지.

예 "억울하게 누명을 썼지만 결국 사필귀정으로 진실이 밝혀졌어."

비슷한 말을 알아볼까요

인과응보(因果應報) : 좋은 일에는 좋은 결과가, 나쁜 일에는 나쁜 결과가 온다

종두득두(種豆得豆) : 콩 심은 데 콩 난다.

타산지석 他山之石
다를 (타) 산 (산) ~의 (지) 돌 (석)

설사 수학여행

내일은 내일은
수학여행 가는 날

여행 갈 부푼 마음에
승수는 신이 나서 질문했지

"선생님 치킨 싸 가도 돼요?"
"녀석, 치킨은 간식으로 나와!
먹는 것 욕심내다 설사가 나서 수학여행 망친 선배도 있단다.
모두 명심하길. 이상!"

"하하하 하하."
승수 질문에 교실이 웃음바다 되었지

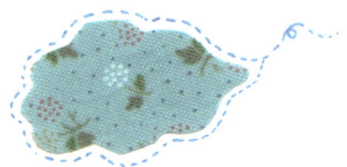

내일은 수학여행 가는 날이에요.

선생님께서 말씀하셨어요.

"내일 7시까지 학교 운동장에 모이세요. 여행에 필요한 세면도구랑 간단히 먹을 과자 등, 짐 무겁지 않도록 준비해 오면 돼요."

수학여행 갈 생각에 들뜬 아이들이 한목소리로 대답했어요.

"네, 선생님!"

"질문 있나요?"

"선생님, 저는 치킨을 좋아하는데 싸 가도 되나요?"

승수의 질문에 아이들이 깔깔깔 웃었어요. 선생님은 웃으면서 대답해 주셨어요.

"치킨은 밤에 간식으로 나오니 따로 준비하지 않아도 됩니다."

아이들이 한 명씩 손을 들었어요.

"피자도 간식으로 나오나요?"

"아이스크림은요?"

"그만, 그만! 작년 선배들 가운데 먹는 것 욕심내다가 배탈나서 고생한 사람도 있어요. 배가 아파서 수학여행을 제대로 즐기지 못하면 안 되겠지요? 선배들 일을 '타산지석'으로 삼아서 조심하고 주의해야 해요."

"네!"

"이상으로 오늘 수업 마칩니다."

"와!"

아이들 함성에 교실이 날아갈 듯 들썩였어요.

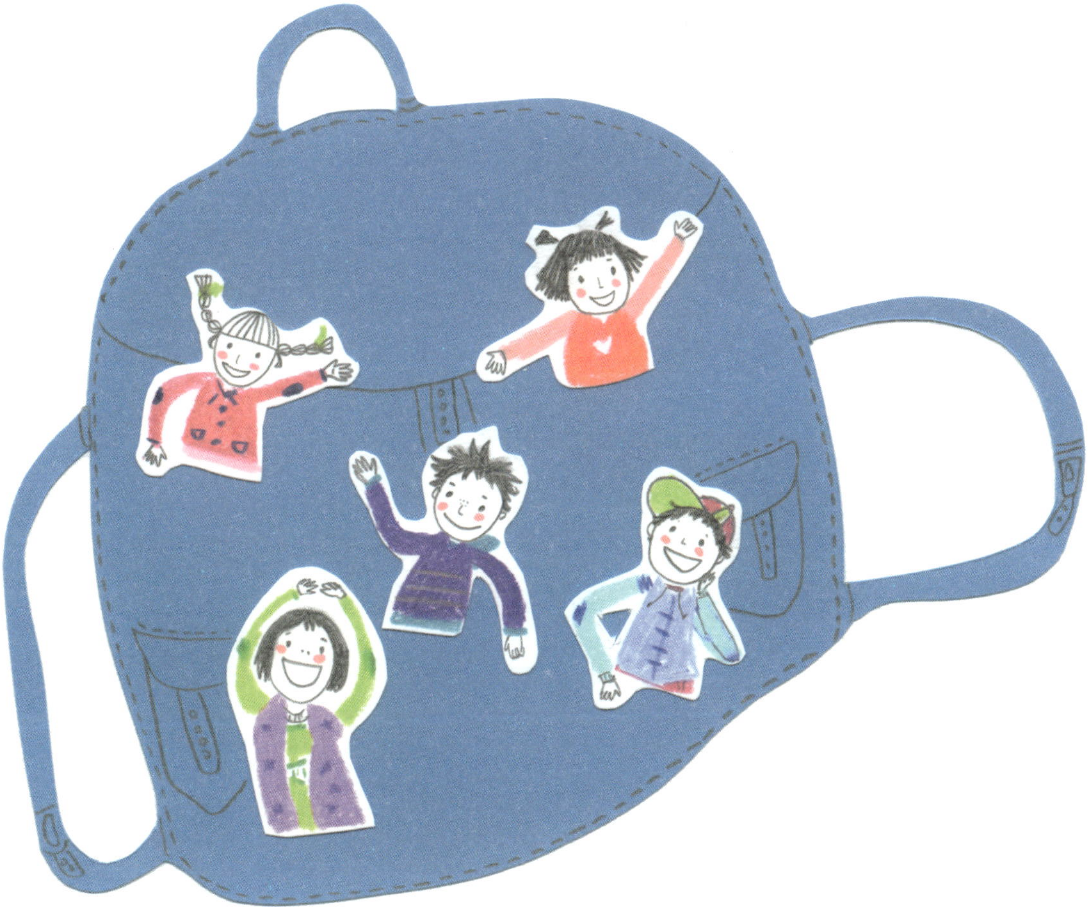

이런 뜻이에요

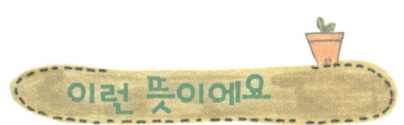

'다른 산의 돌'이라는 뜻이야. 다른 산의 보잘것없는 돌이라도 자기가 가진 귀한 옥을 곱게 다듬는 데 사용할 수 있겠지. 다른 사람의 잘못된 행동과 실패한 모습도 자신의 몸가짐을 가다듬는 데 교훈이 될 수 있다는 의미야.

예 "작년 체육 대회에서 망신당한 것을 타산지석 삼아 열심히 준비했지."

비슷한 말을 알아볼까요

반면교사(反面教師) : 다른 사람의 잘못된 일과 실패를 나의 가르침으로 삼는다.

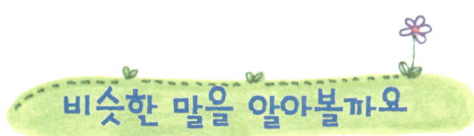

호연지기 浩然之氣
클 (호) 그러할 (연) ~의 (지) 기운 (기)

꽃미남 화랑도

바람아, 바람아

너는 고구려가 좋으냐?
백제가 좋으냐?
신라가 좋으냐?

나는 나는
고구려의 춤추는 산도 좋고
백제의 선운산도 좋지만
신라 경주 남산이 젤 좋아

삼국을 통일한 건
신라 화랑과 낭도들 덕분이지

오늘도 EBS에서 하는 역사 강의를 봤어요. 평소 우리나라 역사에 대해 잘 몰랐는데, 강사님이 유쾌한 말솜씨로 재미있게 가르쳐 주어서, 아주 좋아하는 프로그램이에요.

'삼국시대는 고구려, 백제, 신라가 한반도에 있었던 시대를 가리켜요.

나라가 세워진 것은 고구려, 백제, 신라의 순이었어요.

고구려는 중국의 여러 나라와 경쟁했고,

백제는 일본에 많은 영향을 끼쳤어요.

신라는 가야와 세력을 다투다가 끝내 승리했어요.

세 나라는 비슷한 세력으로 국가를 유지했지요.

그러다가 신라가 중국의 당나라와 연합하여 삼국을 통일시켰어요.

신라가 삼국을 통일하기까지는 평소부터 산과 들을 돌아다니며 훈련하면서 '호연지기'를 기르는 화랑들의 큰 역할이 있었어요. 자, 오늘은 여기까지입니다.'

선생님 역사 강의를 듣다 보니, 잘생긴 꽃미남 화랑과 낭도들이 산과 들을 뛰어다니는 모습이 떠올랐어요. 화랑들 덕분에 신라에 대해 더 많은 걸 알고 싶어졌어요.

이런 뜻이에요

'하늘과 땅 사이에 가득 찬 넓고 큰 기운'이라는 뜻이야. 사람의 마음에 차 있는 넓고 크고 올바른 마음을 가리키지. 중국의 철학자 맹자가 한 말이야. 맹자는 흔들리지 않는 굳센 마음을 얻으려면 이 호연지기를 길러야 한다고 했어.

비슷한 말을 알아볼까요

정대지기(正大之氣) : 바르고 큰 기운. 지극히 크고 바르고 공명한 천지의 원기

구밀복검 口 蜜 腹 劍
입(구) 꿀(밀) 배(복) 칼(검)

나쁜 형들

"얀마, 호주머니 있는 것 다 내놔 봐!"
무섭게 생긴 형들이
툭툭 치며
협박을 한다

"없어요. 제발 봐주세요."
사정해도
봐주지 않자

"저녁 먹을 돈이지만 가져가요!"

어쩔 수 없이
호주머니 돈 몽땅 준
동현이 손에
점점
힘이 들어간다.

'나쁜 형들.'

"얀마, 이리 와 봐!"

영어 학원 끝나고 집으로 돌아오는데 무섭게 생긴 중학생 형들이 동현이를 불렀어요.

"가방에 있는 것 다 털어!"

검은 모자를 쓴 형이 동현이 가방을 뒤집어 탈탈 털었어요.

'툭툭툭!' 가방 속에 들어 있던 것들이 쏟아졌어요. 책이랑 공책, 필통 같은 학용품들밖에 없었지요.

"얀마, 호주머니에 있는 것도 내놔 봐!"

"꼬불쳐 놨던 거 뒤져서 나오면, 알지?"

머리카락을 노랗게 염색한 형이 실실 웃으면서 동현이 왼쪽 가슴을 툭툭 쳤어요. 동현이는 식은땀을 흘리며 점퍼 호주머니랑 바지 호주머니를 찾아 보았어요. 만 원짜리 한 장이랑 천 원짜리 세 장이 나왔어요. 학원 끝나고 배고프면 저녁 사 먹으라고 할머니께서 주신 용돈이에요.

"헤헤, 여기 돈이 있었네요. 가져가세요."

하지만 동현이는 맞기 싫어서 형들에게 돈을 순순히 주었어요. 웃음까지 지으면서요.

돈을 챙긴 형들은 시끄럽게 떠들면서 가 버렸어요.

'어디 두고 보자!'

동현이는 형들의 뒷모습을 보며 이를 갈았어요. 언젠가는 되갚아 주겠다고 말이죠. 문득 '구밀복검'이라는 말이 떠올랐어요.

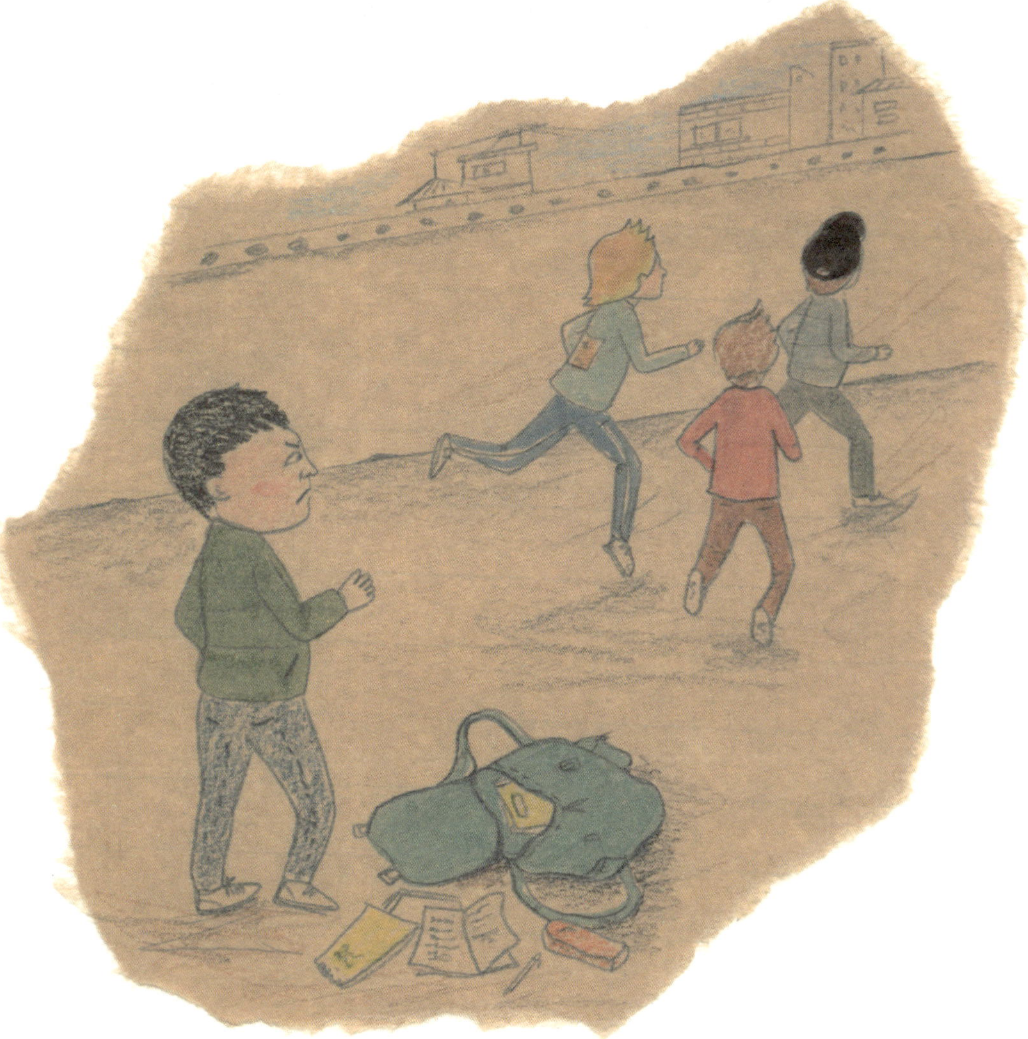

이런 뜻이에요

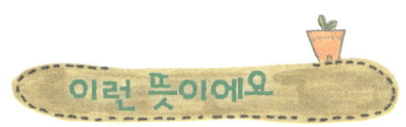

'입에는 꿀을 바르고 뱃속에는 칼을 품고 있다.' 라는 뜻이야. 겉으로는 달콤한 꿀처럼 온순하게 행동하지만 속으로는 공격할 마음을 품고 있는 것을 비유하는 말이지.

비슷한 말을 알아볼까요

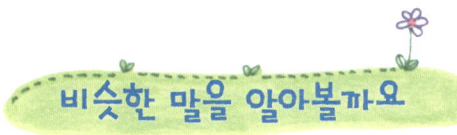

면종복배(面從腹背) : 겉으로는 순종하는 체하고 속으로는 딴 마음을 먹는다.

낭중지추 囊中之錐
주머니 (낭) 가운데 (중) ~의 (지) 송곳 (추)

눈부신 지영이

"너 오늘 받은 성적 어때?"
"당연히 올백이지."
"좋겠다, 기집애."
"어, 하늘이 꾸물꾸물 비가 오겠네. 수진아, 뛰자!"

후두둑 후두둑
빗방울이 떨어진다

'역시 지영이야.'

먹구름 낀 하늘 아래
지영이만 환한 거 같다

"지영아, 어디 가?"

수진이가 지영이를 불렀어요.

"날이 꾸물꾸물하면 비가 온대! 그래서 오늘은 피아노 학원 안 가고 집에 바로 가려고."

지영이가 손가락으로 하늘을 가리켰어요.

"너, 오늘 받은 성적 어때?"

수진이가 지영이 팔짱을 끼며 물었어요.

"응…… 당연히 올백이지."

지영이가 살짝 웃었어요.

"좋겠다, 기집애. 난 또 죽 쑤었는데……."

후두둑! 빗방울이 떨어지기 시작했어요.

"어, 진짜 비 온다. 어서 가자!"

수진이와 지영이 발걸음이 빨라졌어요.

수진이는 평소 조용한 지영이를 보면서 어제 한자 배울 때 선생님이 하신 말씀이 생각났어요.

'여러분, '낭중지추'란, 뛰어난 실력자는 숨어 있어도 남의 눈에 드러나기 마련이라는 뜻이에요. 우리 반에도 이 단어랑 어울리는 친구들이 있어요. 한번 찾아보세요!'

'주머니 속의 송곳'이란 뜻이야. 송곳을 주머니 속에 넣어 두면 뾰족한 송곳 끝이 주머니를 뚫고 나오지. 마찬가지로 재능이 뛰어난 사람은 숨어 있어도 남의 눈에 잘 띈다는 의미야.

옛날 중국 조나라 왕의 동생인 평원군이 이웃 나라에 사신으로 가게 됐어. 평원군은 부하 3천 명 중에 똑똑한 사람 20명을 뽑아서 데려가려고 했지. 19명을 뽑았는데 마지막 한 명을 누구로 할지 정하지 못했어. 그런데 모수라고 하는 부하가 자기를 데려가 달라고 나선 거야. "자네는 내 밑에 3년간 있었는데 그동안 눈에 띄는 일을 한 적이 없지 않은가? 뛰어난 사람은 나서지 않아도 주머니 속의 송곳처럼 자연히 드러나는 법인데, 그동안 눈에 띄지 않았다는 건 자네가 실력이 없다는 뜻이야." 평원군은 모수를 데려가지 않으려고 했어. 하지만 모수는 "나리께서 저를 주머니 속에 넣어 주시지 않았으니 그렇지요. 이제 주머니 속에 넣어 주십시오."라고 하면서 따라갔지. 물론 모수는 평원군을 도와 큰 공을 세웠어.

이 이야기에서 '낭중지추'란 말이 나왔어. 가족이랑 주변 친구들 중 낭중지추처럼 눈에 띄는 사람이 있는지 살펴봐.

영탈이출(穎脫而出) : 뾰족한 송곳 끝이 주머니를 뚫고 나온다.

함께 배워 두면 좋은 속담

교과서 수록 속담을 중심으로

ㄱ

가까운 이웃이 먼 친척보다 낫다 이웃끼리 서로 친하게 지내다 보면 먼 곳에 있는 친척보다 더 친하게 되어 서로 도우며 살게 됨을 이르는 말.

가재는 게 편이다 모양이나 형편이 서로 비슷하거나 인연이 있는 것끼리 서로 잘 어울리며 사정을 보아주고 감싸줌을 비유하여 이르는 말.
  비 소리개는 매 편

감나무 밑에 누워 홍시 떨어지기를 기다린다 노력 없이 어떤 일이 이루어지기를 한없이 기다린다는 말.

간에 붙었다 쓸개에 붙었다 한다 자기에게 조금이라도 이익이 되면 지조 없이 이편에 붙었다 저편에 붙었다 함을 이르는 말.

같은 값이면 다홍치마 같은 값이면 품질이 좋은 것을 가진다는 말.
  비 같은 값이면 검정 송아지

개똥도 약에 쓰려면 없다 아무리 흔한 것일지라도 정작 소용이 있어서 찾으면 없다는 말.

개미 구멍이 둑을 무너뜨린다 작은 결점이라 하여 등한히 하면 그것이 점점 더 커져서 나중에는 큰 손실을 가져오게 됨을 비유적으로 이르는 말.

계란에도 뼈가 있다 늘 일이 잘 안 되던 사람이 모처럼 좋은 기회를 만났건만 그 일마저 잘 안 됨을 이르는 말.

고래 싸움에 새우 등 터진다 약한 자가 공연히 세력이 있거나 강한 자들의 싸움에 끼여 중간에 해를 입음을 비유하여 이르는 말.

고양이 목에 방울 달기 실행하기 어려운 것을 공연히 의논함을 이르는 말.

구르는 돌에는 이끼가 안 낀다 부지런하고 꾸준히 노력하는 사람은 침체되지 않고 계속 발전한다는 말.

굴러온 돌이 박힌 돌 뺀다 타지(他地)에서 들어온 사람이 본래부터 있던 사람(본토박이)을 내쫓는다는 말.

구슬이 서 말이라도 꿰어야 보배 아무리 훌륭하고 좋은 것이라도 쓸모있게 만들어 놓아야 가치가 있게 된다는 말.
  비 청산 속에 묻힌 옥도 갈아야 빛이 난다

꿩 먹고 알 먹는다 한 가지 일에 두 가지 이상의 이익을 본다는 말.
  비 굿 보고 떡 먹기

ㄴ

나무를 보고 숲을 보지 못한다 부분만 보고 전체는 보지 못하는 근시안적인 행동을 비유하여 이르는 말.

내 코가 석 자 내 사정이 급하고 어려워서 남을 돌볼 여유가 없음을 비유하여 이르는 말.

냉수 먹고 이 쑤신다 잘 먹은 체하며 이를 쑤신다는 뜻으로, 실속은 없으면서 무엇이 있는 체함을 이르는 말.

누이 좋고 매부 좋다 어떤 일에 있어 서로 다 이롭고 좋음을 비유하여 이르는 말.

눈 가리고 아웅 실제로 보람도 없을 일을 공연히 형식적으로 하는 체하며 부질없는 짓을 함을 비유하여 이르는 말.

ㄷ

다 된 죽에 코 풀기 거의 다 이루어진 일을 뜻하지 않은 실수로 망침을 비유하여 이르는 말.
　비 다 된 밥에 재 뿌리기

달도 차면 기운다 행운이 언제까지나 계속되는 것은 아님을 비유하여 이르는 말.

도둑이 제 발이 저리다 죄를 지은 사람은 두려움 때문에 스스로 약점을 드러낸다는 말.

되로 주고 말로 받는다 남을 조금 건드렸다가 큰 앙갚음을 당하는 경우를 이르는 말.

뚝배기보다 장 맛이 좋다 겉모양은 보잘것없으나 내용은 훨씬 훌륭함을 이르는 말.

뛰는 놈 위에 나는 놈 있다 아무리 재주가 뛰어났다 하더라도 그보다 더 뛰어난 사람이 있다는 뜻으로, 스스로 뽐내는 사람을 경계하여 이르는 말.

ㅁ

말만 잘하면 천 냥 빚도 갚는다 말만 잘하면 어려운 일이나 불가능해 보이는 일도 해결할 수 있음을 이르는 말.

밑 빠진 독에 물 붓기 밑 빠진 독에는 아무리 물을 부어도 독이 채워질 수 없다는 뜻으로, 아무리 재물이나 공을 들여도 보람 없이 헛된 일이 되는 상태를 비유하여 이르는 말.

ㅂ

바늘 가는 데 실 간다 서로 밀접한 관계가 있는 것끼리는 떨어지지 아니하고 항상 따른다는 뜻.

바늘 도둑이 소 도둑 된다 작은 나쁜 짓도 자꾸 하게 되면 큰 죄를 저지르게 됨을 비유하여 이르는 말.

바지랑대로 하늘 재기 빨랫줄을 받치는

바지랑대로 높은 하늘의 높이를 재려 한다는 뜻으로, 도저히 불가능한 일을 하려 함을 비유하여 이르는 말.

배보다 배꼽이 더 크다 기본이 되는 것보다 부수적인 것이 더 많거나 큰 경우를 비유하여 이르는 말.

벼는 익을수록 고개를 숙인다 교양이 있고 수양을 많이 쌓은 사람일수록 겸손하고 남 앞에서 자기를 내세우려 하지 않는다는 것을 비유하여 이르는 말.

벼룩도 낯짝이 있다 매우 작은 벼룩조차도 낯짝이 있는데 하물며 사람이 체면이 없어서야 되겠느냐는 말.

벼룩의 간을 내어 먹는다 하는 짓이 몹시 잘거나 인색함을 비유적으로 이르는 말.

ㅅ

사또 덕분에 나팔 분다 남에게 붙어서 덕을 봄을 이르는 말.

세 살 버릇 여든까지 간다 어릴 때부터 나쁜 버릇이 들지 않도록 잘 가르쳐야 함을 비유하여 이르는 말.

소 잃고 외양간 고친다 평소에는 관심을 두지 않다가 일을 그르친 뒤에 손을 쓰거나 관심을 두어야 소용이 없다는 말.
  비 도둑 맞고 사립 고친다

쇠귀에 경 읽기 아무리 가르치고 일러주어도 알아듣지 못함을 가리키는 말.

숭어가 뛰니까 망둥이도 뛴다 남이 한다고 하니까 분별없이 덩달아 나섬을 비유하여 이르는 말.

ㅇ

아니 땐 굴뚝에 연기 날까 원인이 없으면 결과가 있을 수 없음을 비유하여 이르는 말.

아닌 밤중에 홍두깨 뜻하지 않은 말을 불쑥 꺼내거나, 별안간 무슨 짓을 함을 비유하여 이르는 말.

약방에 감초 한약에는 감초가 들어가는 것이 많듯, 어떤 일 등에 빠짐없이 참석하는 사람을 이르는 말.
  비 건재 약국에 백복령

언 발에 오줌 누기 언 발을 녹이려고 오줌을 발에 누어 봤자 효력이 별로 없다는 뜻으로, 임시변통은 될지 모르나 그 효력이 오래가지 못할 뿐만 아니라 결국에는 사태가 더 나빠짐을 비유하여 이르는 말.
  비 아랫돌 빼어 윗돌 괴기

우는 아이 젖 준다 무슨 일이든 자기가 요구하여야 쉽게 구할 수 있음을 이르는 말.

원수는 외나무다리에서 만난다 꺼리고 싫어하는 대상을 피할 수 없는 곳에서 공교롭게 만나게 됨을 비유하여 이르는 말.

윗물이 맑아야 아랫물이 맑다 윗사람이

잘하면 아랫사람도 따라서 잘하게 된다는 말.

입에 쓴 약이 병에는 좋다 자기에게 이로운 충고나 교훈은 듣기는 싫으나 자신의 수양을 위해서는 좋으니 받아들여야 한다는 말.

ㅈ

작은 고추가 더 맵다 작은 사람이 큰 사람보다 더 뛰어나거나 야멸참을 두고 이르는 말.

재주는 곰이 넘고, 돈은 되놈이 번다 정작 수고한 사람은 대가를 못 받고 엉뚱한 사람이 가로챈다는 말.

제비는 작아도 강남 간다 몸집은 비록 작아도 저 할 일은 다 한다는 말.
- 비 거미는 작아도 줄만 잘 친다

짚신도 제 짝이 있다 보잘것없는 사람도 배필은 있다는 말.

지성이면 감천 무슨 일이든 정성이 지극하면 다 이룰 수 있다는 말.
- 비 지성이 지극하면 돌에도 꽃이 핀다

ㅌ

티끌 모아 태산 작은 것도 모으면 커짐을 이르는 말.
- 비 실도랑 모여 대동강 된다

ㅎ

하나를 보면 열을 안다 일부만 보고 전체를 미루어 안다는 말.

하룻강아지 범 무서운 줄 모른다 뭣도 모르고 자기보다 강한 자에게 철없이 덤빔을 가리키는 말.

호랑이 굴에 가야 호랑이를 잡는다 뜻하는 성과를 얻으려면 그에 마땅한 일을 하여야 함을 비유하여 이르는 말.

호미로 막을 것을 가래로 막는다 적은 힘으로 충분히 처리할 수 있는 일을 내버려두었다가 되면 많은 힘을 들여 처리를 하는 경우를 이르는 말.

호박이 넝쿨째로 굴러떨어졌다 뜻밖에 좋은 물건을 얻거나 행운을 얻었다는 말.

참고_ 「한국속담대사전」, 박영원·양재찬 편. 푸른사상사

함께 배워 두면 좋은 고사성어

교과서 수록 성어를 중심으로

ㄱ

감언이설(甘言利說) 달콤한 말과 이로운 말이라는 뜻으로, 귀가 솔깃하도록 남의 비위를 맞추거나 이로운 조건을 내세워 꾐을 이르는 말.

감탄고토(甘吞苦吐) 달면 삼키고 쓰면 뱉는다는 뜻으로, 자신의 비위에 따라서 사리의 옳고 그름을 판단함을 이르는 말.

개과천선(改過遷善) 지난 잘못을 고쳐 착하게 바뀌다라는 뜻으로, 지난날의 잘못을 뉘우치고 착한 사람이 됨을 이르는 말.

거안사위(改過遷善) 평안할 때에도 위험과 곤란이 닥칠 것을 생각하며 미리 대비해야 함을 이르는 말.

견물생심(見物生心) 어떠한 실물을 보게 되면 그것을 가지고 싶은 욕심이 생김을 이르는 말.

결자해지(結者解之) 맺은 사람이 풀어야 한다는 뜻으로, 자기가 저지른 일은 자기가 해결하여야 함을 이르는 말.

고장난명(孤掌難鳴) 외손뼉만으로는 소리가 울리지 아니한다는 뜻으로, 혼자의 힘만으로 어떤 일을 이루기 어려움을 이르는 말.

교불약졸(巧不若拙) 재주를 부리는 기교는 서투름만 못하다는 뜻으로, 약삭빠른 것보다는 오히려 우직한 것이 더 귀중함을 이르는 말.

근묵자흑(近墨者黑) 먹을 가까이하는 사람은 검어진다는 뜻으로, 나쁜 사람과 가까이 지내면 나쁜 버릇에 물들기 쉬움을 비유적으로 이르는 말.

ㄴ

난형난제(難兄難弟) 누구를 형이라 하고 누구를 아우라 하기 어렵다는 뜻으로, 두 사물이 비슷하여 낫고 못함을 정하기 어려움을 이르는 말.

내우외환(內憂外患) 안에서 일어나는 근심과 밖으로부터 받는 근심이란 뜻으로, 여러 가지 걱정거리가 있는 상황을 비유적으로 이르는 말.

누란지위(累卵之危) 층층이 쌓아 놓은 알의 위태로움이라는 뜻으로, 몹시 아슬아슬한 위기를 비유적으로 이르는 말.

ㄷ

동문서답(東問西答) 동쪽을 묻자 서쪽을 답한다는 뜻으로, 물음과는 전혀 상관없는 엉뚱한 대답을 이르는 말.

동병상련(同病相憐) 같은 병을 앓는 사람끼리 서로 가엾게 여긴다는 뜻으로, 어려운 처지에 있는 사람끼리 서로 가엾게 여김을 이르는 말.

등하불명(燈下不明) 등잔 밑이 어둡다는 뜻으로, 가까이에 있는 물건이나 사람을 잘 찾지 못함을 이르는 말.

ㅁ

마부작침(磨斧作針) 도끼를 갈아 바늘을 만든다는 뜻으로, 아무리 어려운 일이라도 꾸준히 노력하면 이룰 수 있음을 이르는 말.

마이동풍(馬耳東風) 말 귀에 봄바람이 스쳐 간다는 뜻으로 남의 말을 귀담아듣지 않고 흘려 버림 또는 전혀 관심이 없음을 이르는 말.

면종복배(面從腹背) 겉으로는 복종하는 체하면서 내심으로는 배반함을 이르는 말.

모수자천(毛遂自薦) 자기가 스스로를 추천한다는 뜻으로, 부끄러움 없이 자기를 내세우는 사람을 빗대어 가리키는 말.

무망지복(毋望之福) 바라지 않은 행복이라는 뜻으로, 뜻밖의 행복을 비유적으로 이르는 말.

ㅂ

반면교사(反面敎師) 다른 사람이나 사물의 부정적인 측면에서 가르침을 얻는다는 뜻으로, 다른 사람의 잘못된 일과 실패를 거울삼아 나의 가르침으로 삼음을 비유적으로 이르는 말.

반포지효(反哺之孝) 까마귀 새끼가 자라서 늙은 어미에게 먹이를 물어다 주는 효(孝)라는 뜻으로, 자식이 자란 후에 어버이의 은혜를 갚는 효성을 이르는 말.

방휼지쟁(蚌鷸之爭) 도요새가 조개와 다투다가 다 같이 어부에게 잡히고 말았다는 뜻으로, 다른 사람에게 득을 주는 싸움을 비유적으로 이르는 말

백골난망(白骨難忘) 죽어서 백골이 되어도 잊을 수 없다는 뜻으로, 남에게 큰 은덕을 입었을 때 고마움의 뜻으로 이르는 말.

ㅅ

사석위호(射石爲虎) 돌을 범인 줄 알고 쏘았더니 돌에 화살이 꽂혔다는 뜻으로, 성심을 다하면 이루지 못할 것은 없음을 이르는 말.

수주대토(守株待兔) 그루터기를 지키며 토끼를 기다린다는 뜻으로, 한 가지 일에만 얽매여 발전을 모르는 어리석은 사람을 비유적으로 이르는 말.

순망치한(脣亡齒寒) 입술이 없으면 이가

시리다는 뜻으로, 서로 이해관계가 밀접한 사이에 어느 한쪽이 망하면 다른 한쪽도 그 영향을 받아 온전하기 어려움을 이르는 말.

ㅇ

아전인수(我田引水) 자기 논에 물 대기라는 뜻으로, 자기에게만 이롭게 되도록 생각하거나 행동함을 이르는 말.

오비이락(烏飛梨落) 까마귀 날자 배 떨어진다는 뜻으로, 아무 관계도 없이 한 일이 공교롭게도 때가 같아 억울하게 의심을 받거나 난처한 위치에 서게 됨을 이르는 말.

오십보백보(五十步百步) 조금 낫고 못한 정도의 차이는 있으나 본질적으로는 차이가 없음을 이르는 말.

와신상담(臥薪嘗膽) 불편한 섶에 몸을 눕히고 쓸개를 맛본다는 뜻으로, 원수를 갚거나 마음먹은 일을 이루기 위하여 온갖 어려움과 괴로움을 참고 견딤을 비유적으로 이르는 말.

용두사미(龍頭蛇尾) 용의 머리와 뱀의 꼬리라는 뜻으로, 처음은 왕성하나 끝이 부진한 현상을 이르는 말.

일취월장(日就月將) 하루가 지나면 새로운 것을 이룩하고 한 달이 지나면 크게 앞으로 나아간다는 뜻으로, 세월이 지날수록 크게 발전하는 모습을 이르는 말.

ㅈ

주경야독(晝耕夜讀) 낮에는 농사짓고, 밤에는 글을 읽는다는 뜻으로, 어려운 여건 속에서도 꿋꿋이 공부함을 이르는 말.

ㅊ

촌철살인(寸鐵殺人) 한 치의 쇠붙이로도 사람을 죽일 수 있다는 뜻으로, 간단한 말로도 남을 감동하게 하거나 남의 약점을 찌를 수 있음을 이르는 말.

ㅌ

토사구팽(兔死狗烹) 토끼가 죽으면 토끼를 잡던 사냥개도 필요 없게 되어 주인에게 삶아 먹히게 된다는 뜻으로, 필요할 때는 쓰고 필요 없을 때는 야박하게 버리는 경우를 이르는 말.

ㅎ

호가호위(狐假虎威) 여우가 호랑이의 위세를 빌려 호기를 부린다는 뜻으로, 남의 권세를 빌려 위세를 부림을 비유적으로 이르는 말.

호시탐탐(虎視眈眈) 범이 눈을 부릅뜨고 먹이를 노려본다는 뜻으로, 남의 것을 빼앗기 위하여 형세를 살피며 가만히 기회를 엿봄을 비유적으로 이르는 말.